NOTES

ADRESSÉES

AU CONGRÈS DE VÉRONNE.

> Puisque la paix est impossible, pourquoi délibérez-vous sur la guerre?
>
> (CAMILLE *aux Romains.*)

A PARIS,

CHEZ ANTHe. BOUCHER, IMPRIMEUR-LIBRAIRE,

RUE DES BONS-ENFANS, No. 34.

1822.

IMPRIMERIE ANTHELME BOUCHER, RUE DES BONS-ENFANS, N°. 34.

La Révolution, puissance d'abord inconnue, prit les Rois au dépourvu ; elle les attaqua séparément. Ce fut dans Milan, Naples, Rome, Vienne, Berlin, Madrid, Moscou, qu'elle arriva avec ses armes, pour se faire connaître.

Au milieu de ce danger commun, les Rois se trouvèrent unis enfin par le ciment le plus fort qui puisse agir sur les hommes : l'intérêt de conservation.

La révolution fut désarmée en France, mais non pas vaincue; les Rois furent forcés d'y revenir; ils la poursuivirent ensuite à Naples et à Turin.

L'Espagne est son dernier asile ; comme à la prise d'une ville, la garnison se retire dans la citadelle. Accourus de toutes parts, les Souverains délibèrent : c'est un conseil de guerre, et non pas un congrès.

L'opinion royaliste, cette véritable conseillère des Rois, a jugé qu'elle devait encore une fois se faire entendre; long-temps méconnue, enfin écoutée, ses nouveaux conseils auront pour gage le succès de ses conseils passés.

Elle a daigné me choisir, ou plutôt m'avouer. Forte par elle-même, le talent du publiciste n'était qu'un objet secondaire; elle n'y a pas songé. Dieu, pour combattre un guerrier, l'effroi de la Judée, se servit d'un enfant : à travers tant de faiblesse, il voulut que la main divine se montrât tout entière.

Accoutumés aux affaires publiques, les journaux anglais ne pouvaient se méprendre sur les articles que *la Quotidienne* a publiés, et qu'elle rassemble ici en corps de Brochure : tous ces journaux ont répondu.

Les organes de l'opposition prétendent que l'Angleterre ne s'est jamais armée contre la Révolution : c'est démentir tous les discours, toute la conduite de Pitt.

Les défenseurs du ministère ont parlé de *modération*; ils n'en parlaient pas au congrès de Vienne, moins encore à Waterloo.

Z. Z.

NOTES

ADRESSÉES

AU CONGRÈS DE VÉRONNE.

PREMIÈRE PARTIE.

Tout Ministère, dans un gouvernement représentatif, doit avoir un système. C'est la première, la plus importante, la plus rigoureuse des conditions que lui impose cette forme de gouvernement. Ce système une fois conçu sera clairement annoncé; il peut être plus ou moins masqué dans les monarchies pures : ici, où l'opinion publique est interrogée, il faut absolument qu'il soit mis au grand jour. On fait un appel à la confiance, elle ne se donne pas au secret : c'est donc une nécessité que le système soit connu pour que la confiance puisse lui prêter ou lui refuser sa force, pour qu'on puisse le servir ou le combattre, pour que les amis et les ennemis se séparent et se mettent en présence. Cette séparation, tout entière dans l'intérêt du pouvoir, double ses moyens d'existence et d'action : c'est beaucoup d'avoir autour de soi des partisans ; ce n'est pas un moins grand avantage que d'avoir en face tous ses adversaires.

Attachés ainsi à un plan politique, et non pas seulement à la personne des ministres, les partisans du système, par cela même qu'ils l'ont approuvé, contractent l'obligation de le soutenir, de le défendre, et d'en faciliter tous les développemens : c'est ainsi qu'on a vu plus d'une fois les ministres passer et le système leur survivre. C'est un traité qui a d'autres bases que l'affection ou le calcul de quelques intérêts domestiques ; c'est sur les grands intérêts du pays qu'il est fondé. On voit par-là, et d'un seul coup, toute sa force, tout ce qu'il promet de durée, tout ce qu'il fournira aux besoins de chaque jour, puisque dans les amis d'aujourd'hui les ministres ont la certitude de trouver des amis pour le lendemain : on peut hardiment compter sur les hommes, lorsqu'on les conduit vers un avenir qui sera la conséquence d'une position de leur choix.

Si le système doit se montrer dans les branches intérieures de l'administration, à plus forte raison il doit paraître au dehors, puisque c'est par ses relations avec les autres puissances que s'établissent l'honneur, l'influence et la considération dont jouit un Etat. Un gouvernement n'a pas seulement à pourvoir aux intérêts de son pays, il agit sur les autres cabinets qui agissent sur lui à leur tour : cela fut de tout temps, bien plus encore aujourd'hui. Le sort des événemens, en faisant une nécessité aux rois d'avoir pour eux tous une politique uniforme, a rendu possible l'établissement d'un système qu'il aurait été si difficile de faire adopter autrefois. Les intérêts particuliers l'emportaient alors sur l'intérêt commun, parce que cet intérêt commun n'était pas menacé comme il l'est maintenant.

Il suit de-là que l'Europe n'offre plus que deux positions, l'une forte, l'autre faible : adopter franchement l'intérêt commun, c'est se renforcer de la force des autres ; se détacher de l'intérêt commun, c'est retomber sur les intérêts particuliers : et l'on est faible parce que l'on est seul. Celui qui prendrait cette dernière position compromettrait nécessairement son influence, puisqu'il se mettrait en dehors de l'action générale ; il se réduirait à n'avoir plus, à sa disposition, que les petites ruses diplomatiques, les petites négociations ; il serait forcé de se jeter, de se perdre dans un concours de petits moyens toujours au-dessous de la grandeur des circonstances ; il travaillerait sans cesse à éluder les questions sans jamais les résoudre ; il se consumerait en efforts pour empêcher le choc de deux masses, et il laisserait subsister les motifs qui les rendent ennemies.

En un mot, toute sa politique consisterait à écarter aujourd'hui un danger qui sera le même demain.

La position contraire détruit l'individualité aussi fatale aux monarques qu'aux simples citoyens; elle oblige à des coalitions qui se présentent toutes formées sur la scène politique. Ajoutons que par cela seul qu'elles existent, qu'elles sont connues, que le lien, ou si l'on veut, le contrat qui les unit est avoué hautement, toutes les démarches des cabinets deviennent simples, naturelles, prévues et faciles. La politique a ses règles aussi bien que la logique; de même que celle-ci ne permet pas aux esprits justes d'attaquer les conséquences d'un principe qu'ils ont admis; de même l'autre, lorsqu'elle a fait adopter une résolution, interdit aux négociateurs habiles et sensés la chicane des détails.

Plus un système général produit de bienfaits et rend facile l'action des gouvernemens, plus cette action devient lente, fausse et pénible, lorsque le système est incomplet; mais une condition plus misérable encore, qui laisserait l'Etat sans pensée dirigeante, et le livrerait aux chances des hasards journaliers, ce serait l'absence totale d'un système. On verrait alors l'État n'exister à l'intérieur que par le jeu monotone des rouages administratifs, et, à l'extérieur, par de vaines négociations sans but. D'un côté, il faudrait chaque jour chercher des amis, les retenir par une foule de petites considérations, de petits intérêts, qui, une fois satisfaits, dégagent un homme de ses liens, parce qu'en politique il n'y a de liens sacrés et durables que ceux qui sont formés en vue du bien public : de l'autre côté, des inconvéniens non moins graves, se feraient sentir. Il faudrait se livrer à des tâtonnemens continuels ; chercher des appuis ; frapper à la porte des cabinets dans lesquels, si l'on vous permettait d'entrer, ce ne serait que pour un moment. Espèces de visites diplomatiques où l'obligeance tiendrait plus de place que la politique.

Un tel rôle n'est propre qu'à ces petits états à qui leur faible consistance ne laisse pas la liberté d'être quelque chose par eux-mêmes. Ils reçoivent une direction ; ils ne la donnent jamais. Impuissans à protéger, ils ont besoin au contraire de protecteurs. Satellites obscurs, dans la sphère politique, ils tournent autour de ces astres éclatans qui, par la force de leur mouvement, les entraînent et les assujettissent à leur cours réglé. Ainsi la maison de Savoie tour-à-tour appuyée sur l'Autriche et sur la France, subissait la protection du plus fort, et par des alliances de famille, cherchait à former des liens que la politique lui refusait.

La France a d'autres destinées à remplir. Son génie, ses richesses, son industrie, sa population, la puissance de son activité, l'éclat de sa bravoure, l'état prospère de ses finances, tout concourt à lui donner le droit et les moyens d'être aujourd'hui ce qu'elle fut toujours. Ses forces positives sont d'un poids immense, d'un poids nécessaire dans la balance européenne, et la puissance de ses lumières l'a dès long-temps placée au premier rang parmi les nations les plus éclairées.

Nous allons examiner quel est le système politique qu'il conviendrait d'adopter. Laissant pour d'autres temps ce qui concerne l'intérieur, nous nous attacherons spécialement aux affaires de l'extérieur. Les intérêts de la France sont en ce moment d'une haute importance; c'est d'ailleurs pour elle un devoir de faire connaître le système qui lui convient; devoir qui lui est imposé, ainsi que nous l'avons dit en commençant, par la nature même de son gouvernement. Plus ce système sera franc, ouvert, et plus nous verrons s'accroître l'influence de notre pays, sa force et cette considération qui s'attache à un État, et dont chaque citoyen peut justement prendre sa part.

DEUXIÈME PARTIE.

Une vérité constitutionnelle, qu'il faut souvent reproduire au pouvoir trop enclin à la méconnaître, a marqué notre point de départ. Un système politique n'a de valeur qu'autant qu'il est avoué. Il est tout au grand jour; dans l'ombre, il n'est rien.

Nous avons dit ensuite: l'Europe dérangée par le siècle, n'offre que deux systèmes possibles à la pensée des cabinets. Entrer franchement dans l'intérêt commun, ou bien s'en détacher. D'un côté il y a toute la force que donne un pacte fait avec la grande famille. De l'autre cette faiblesse qui vous saisit et vous glace quand vous restez isolé.

Ce qu'il y a de plus universel aujourd'hui pour les chefs de l'ordre social, et par conséquent ce qui forme leur intérêt commun, c'est la nécessité de faire face à la révolution. Buonaparte attaquait et voulait changer toutes les dynasties pour que son usurpation n'eût point à rougir en présence d'une légitimité épargnée; la révolution, qui au lieu de les changer, les abolit, ne veut pas qu'un seul roi resté debout, puisse quelque jour lui demander compte de ses destructions. Buonaparte était conséquent; la révolution ne l'est pas moins.

Je me sers du mot révolution parce qu'il est consacré. Il est impropre pourtant. Le mouvement anti-social qui tourmente la Vieille-Europe est une subversion générale et non point un simple changement, comme le mot révolution semble le dire en langage politique. Lorsque la maison de Bragance s'empara du suprême pouvoir, ce fut une révolution; lorsque les Pays-Bas s'arrachèrent violemment à l'Espagne, ce fut encore une révolution. Les deux états subirent une modification, mais la société demeura tout entière : à peine une légère secousse agita sa surface. Est-ce ainsi que s'est présentée l'explosion populaire de 89? Elle s'annonça comme un feu qui dévore, qui cherche toujours à s'accroître, à s'étendre, et finit, faute d'aliment, par se dévorer lui-même.

Et quel autre résultat peut-on attendre de ces doctrines contraires à celles qui depuis tant de siècles vivifiaient la société européenne? Aujourd'hui la souveraineté du peuple est mise d'un bout du monde à l'autre en opposition avec l'autorité royale; l'insurrection avec l'obéissance; l'égalité absolue avec les droits acquis; la multitude qui n'a rien avec le petit nombre qui possède. Y a-t-il là une société possible? L'expérience en a été faite.

M. Bignon nous a dit : les doctrines nouvelles tendent à

succéder aux anciennes, comme la religion du Christ a remplacé celle des dieux païens. Or, ce triomphe du christianisme fut, pour le paganisme et pour la société, telle qu'elle existait par lui, une ruine totale. Mais remarquons que le christianisme portait dans son sein les semences d'une autre société qui devait être plus forte, plus unie, plus grande, plus heureuse, telle en un mot que nous la voyons. Tandis que les doctrines nouvelles sont comme ces vents d'Afrique qui sèchent tout : elles viennent de l'homme ; le christianisme venait de Dieu.

La nécessité de désarmer la révolution est bien plus impérieuse encore pour la France que pour l'Europe, puisque les Bourbons n'ont été rétablis que par une victoire sur la révolution. Il n'y a vie pour eux qu'autant qu'il y aura mort pour elle. Qui nous renversa, doit tomber à son tour quand nous nous relevons: c'est une condition de tout pouvoir restauré.

Ce serait donc bien imprudemment que la France aurait recours à une politique dormeuse, et croirait possible d'éluder au dehors comme au dedans des hostilités qui, tôt ou tard, viendraient d'un ennemi qu'elle n'aurait point osé prévenir. Personne ne peut le nier; d'après l'impression des choses passées, la révolution, partout où elle éclate, est une déclaration de guerre à la maison de Bourbon. Que l'on nous cite un ennemi de cette maison, un seul qui n'associe pas au succès d'une révolution nouvelle, ses vœux, son espoir et sa joie!

Sous M. de Richelieu, un ministère dont nous ne contestons pas l'habileté, sentit le besoin d'adopter un système. L'exemple de ce ministre éventé, qu'on avait vu précédemment folâtrer au pouvoir, avait fait une loi de ne pas l'imiter. M. de Richelieu crut devoir, au dehors, se prononcer pour une neutralité absolue entre la monarchie et la révolution. Il y fut conduit par une conséquence de la position intermédiaire qu'il avait prise au-dedans. Ce système, car c'en était un, eut de plus l'avantage d'être avoué, mais comme ce système était le plus faible de tous, il laissa la France sans prépondérance d'un côté, on le sait; de l'autre, sans secours contre la révolution. Avec le temps on l'aurait su.

Ce système de neutralité entre les principes qui conservent et les principes qui détruisent, entre les trônes attaqués et la révolution qui les attaque; ce système est si pernicieux à la dignité, à la gloire, à la grandeur d'un état, qu'il suffit pour le juger sans retour d'examiner ce que fut l'Angleterre, ce qu'elle est devenue. Nous la voyons pendant douze ans à la tête d'une guerre ouverte contre la révolution; elle s'était proclamée par l'organe de Pitt, l'arbitre des intérêts de la civilisation européenne. Elle les défendait, les protégeait, les vengeait. Sans repos, souvent vaincue, jamais découragée, elle appelait tous les rois sur le champ de bataille qu'elle avait tracé ; tous répondaient à sa voix, et lorsque la fortune contraire les forçait à se courber sous un traité de paix, seule, elle s'éloignait emportant avec sa liberté, tout le poids des destins de l'Europe. Eh bien ! pendant les jours de cette lutte, l'Angleterre a augmenté son crédit, ses richesses et sa prospérité ; son influence morale sur le continent, égalait celle que Buonaparte obtenait par ses armes. Depuis cette époque, et au moment du triomphe d'une cause, devenue en quelque sorte la sienne, tant elle avait bien su la défendre, l'Angleterre se montre tout-à-coup désarmée. Le génie de Pitt cesse de planer sur son cabinet ; elle prend un système contraire à celui jusqu'alors suivi ; ses regards se tournent tour-à-tour et avec une égale indifférence sur les deux grands intérêts qui divisent l'Europe ; elle joue avec les événements : qu'en résulte-t-il ? à quoi se trouve réduite cette superbe puissance ? à assister bénévolement à la révolution et à la contre-révolution de Naples, sans mettre un poids d'un côté ni de l'autre. A Constantinople, ne voulant point attaquer la Turquie, et n'ayant plus aucune force morale pour la défendre, elle se jette dans des petites combinaisons, telles, par exemple, que d'empêcher M. de Strogonoff d'être renfermé aux Sept-Tours, ce qui aurait rendu inévitable le choc des deux empires, et ce petit succès diplomatique lui a causé autant de joie qu'une victoire. Même conduite à Madrid ; par de petites négociations, par son crédit auprès d'un personnage qui combattit avec Wellington, elle est parvenue, il y a peu de jours, à changer une déclaration de guerre contre la France, en une armée d'observation , et pour elle c'est encore un triomphe ; elle le croit. De sorte que l'Angleterre, d'après son propre aveu, se borne à tout suspendre, à ne rien décider, à laisser en présence deux ennemis, à ne point les désarmer, à passer alternativement dans les deux camps, à ne pas savoir en choisir un, et y rester. Espèce de bascule diplomatique qui, par ce mot seul, se trouve appréciée. Le cabinet britannique, d'après ses antécédens, devait tout faire; il ne fait rien. Pourquoi ? son système a changé.

Si cette politique est dangereuse pour un état aussi puissant que l'Angleterre, qui n'a pas besoin, comme nous, de disputer son existence à un parti ennemi, et dont toutes les racines sont profondément entrées dans le sol aristocratique, que sera-t-elle pour la France, pays malheureux, où les flots d'une population immense s'agitent au moindre vent des factions; où la maison régnante, si long-temps frappée, se relève à peine ; où les intérêts ne sont point encore unis et serrés en faisceaux ; où l'excellent esprit des habitans est obligé de suppléer la force qui manque au pouvoir. Que sera-t-elle, cette politique, dans ce moment surtout, où un ministère bourbonnien nous expose à des attaques plus vives, plus directes de la part de la révolution? Disons-le hautement : cette espèce de doute de la France, cette manière de glisser furtivement à côté des difficultés, cette attitude qui lui fait attendre les événemens au lieu de les diriger, ne lui permet pas de reprendre au dehors cette influence diplomatique si nécessaire à l'honneur du pays. Est-ce bien à elle qu'il appartient, en se retirant de la communauté, d'affaiblir la ligue des puissances?

Ce système de tergiversation, qui n'est pas même une neutralité avouée, serait si fatal à la France, que s'il était possible de la séparer des intérêts de la Maison de Bourbon; si l'on pouvait encore s'imaginer, ce que nous sommes si loin d'admettre, que la révolution peut produire quelque chose de vivant et faire sortir de ses mains une société quelconque, nous dirions, avec M. Bignon, qu'il vaudrait encore mieux soutenir et caresser la révolution partout où elle se lève que de rester dans cette atonie politique qui nous consume. Nous souffririons sans doute; mais du moins il y aurait un système; mais du moins la France, en faisant rouler de nouveau en Europe son char militaire, sortirait de cet état qui n'est ni la vie ni la mort.

Combien par un autre système la France, à l'époque de la restauration, aurait pu s'élever parmi les nations! il lui appartenait de se placer dans une position d'où l'Angleterre se laissait glisser; embrassant les intérêts de la civilisation, qui sont les plus nombreux, les plus légitimes, les plus avoués, les plus disposés à venir près de qui se présente pour les protéger, la France pouvait alors rendre à l'Europe menacée par la révolution, les secours qu'elle en reçut aux jours de ses dangers; il était digne de cette France, qui fut le berceau des lumières, de les garantir du souffle révolutionnaire qui veut les éteindre, et de maintenir la civilisation européenne qui est son ouvrage. En héritant des honneurs de la lutte, elle aurait recueilli les avantages que l'Angleterre a trouvés à la soutenir; elle aurait vu s'accroître sa prospérité, ses richesses, son commerce; et son influence morale se serait étendue de toutes parts : tel est le système qu'il lui fallait adopter, et auquel il est temps encore de revenir. Il suffira, pour nous en convaincre, d'un coup-d'œil sur les circonstances actuelles.

TROISIÈME PARTIE.

Prendre le monde politique où l'Angleterre l'avait laissé; faire pour les rois ligués ce qu'ils firent pour nous; montrer que la maison régnante, à peine debout, avait repris toute sa force; annoncer par une politique ferme que nous pouvions nous passer d'un secours que nous prêtions aux autres; tel était le système à suivre lorsque l'Europe entière sembla se détacher de ses fondemens pour venir dans nos murs accomplir l'œuvre de la restauration.

On disait alors que la Sainte-Alliance, ce grand pacte des monarchies, s'était formée contre la France; et l'on avait raison, en ce sens, que les rois ayant dû s'unir contre la révolution, et ne présumant pas qu'elle pût éclater ailleurs qu'aux lieux marqués par ses ravages, nous étions en effet un peuple suspect, un peuple en surveillance. L'Europe nous tenait en tutelle; mais c'est précisément pour sortir de cet état si peu digne de nous, si peu mérité depuis notre régénération politique, qu'il aurait fallu, lorsque la révolution apparut en Espagne, à Naples, en Piémont, nous écrier les premiers: Rois, marchons contre elle. C'était changer la direction de la Sainte-Alliance ; nous l'avions en face, nous la mettions à notre suite.

La Providence elle-même, la Providence qui semble avoir toujours en réserve des trésors d'amour pour la France, nous offrait cette occasion que nous aurions dû bénir comme un de ses bienfaits. En effet, c'était un danger commun qui nous faisait arriver sur la scène politique, un danger dont nous étions délivrés, mais dont nous ne voulions pas que les autres fussent victimes. Il y avait quelque chose de noble, de généreux et d'humain dans notre entraînement. Nous paraissions céder à la voix du cœur, et non pas aux calculs de la politique. L'Europe ne pouvait se montrer jalouse ; c'était pour elle que nous agissions. Aux droits que l'humanité donne, nous en ajoutions d'autres non moins sacrés. Les deux branches de la maison de Bourbon étaient menacées ; comme dans les opérations militaires, les deux ailes entamées compromettaient le centre. La révolution semblait vouloir nous ravir d'un même temps tout le fruit des travaux de Louis XIV dans le midi de l'Europe ; un amour de famille, un sentiment de respect et de reconnaissance pour l'ouvrage du grand roi ; un intérêt vraiment national nous faisait un devoir d'accourir ; et d'ailleurs, la France qui si long-temps accusa l'Europe de la laisser par égoïsme sous le joug révolutionnaire, pouvait-elle, plus coupable encore, demeurer inactive et glacée à son tour ? Le bruit des chaînes qui retentissait dans Naples, dans Madrid, dans Turin, n'avait-il rien à nous dire? N'était-ce pas le même dont les voûtes du Temple ont conservé le souvenir?

Avant même que ces événemens nous ouvrissent une route au milieu des intérêts de l'Europe, on était venu auprès de notre cabinet implorer son appui et sa médiation. Il était dit que non-seulement il nous serait permis de monter sur le vaste théâtre où se règle le sort des Etats, mais encore qu'on nous y appellerait. Les colonies espagnoles, en guerre avec la mère-patrie, fatiguées d'une lutte qui les séparait de leur Roi, désiraient que la France, comme au temps où Saint-Louis interposait sa justice entre les barons anglais et leur royal suzerain, se rendît l'arbitre de la querelle qui allait détacher les deux mondes. De son côté, Ferdinand nous demandait des navires pour transporter ses troupes au Mexique; notre réponse fut un double refus : nous préférâmes laisser aux vers, dans nos ports, les vaisseaux qui auraient éloigné Quiroga de l'Espagne. Ferdinand fut obligé de s'adresser à la Russie; on sait le reste; et l'on demande ensuite comment s'écroulent les monarchies!

Cette étourderie inconcevable fut-elle réparée? une occasion nouvelle ne tarda pas à s'offrir. L'île de Léon pousse un cri effrayant pour l'Europe; la sédition fait des progrès rapides; elle court à travers une population surprise et muette jusqu'aux marches du trône. Notre ambassadeur demande à quitter Madrid : le cabinet des Tuileries lui donne l'ordre contraire ; il continue de représenter son Roi, par la grâce de Dieu, auprès de Ferdinand, roi par la grâce du peuple. Nous n'approuvons rien, mais nous ne blâmons pas. Une catastrophe change tout : nous demeurons impassibles ; nous avons l'air de ne plus comprendre le monde politique ; nous lui sommes étrangers. S'il peut nous oublier comme nous l'oublions, notre ambition sera satisfaite ; nous avons besoin pour vivre de nous effacer, afin que les événemens passent sans nous voir.

Il est vrai qu'à cette époque il aurait été difficile que le ministre élégant qui dirigeait la France, comprît ce qu'on faisait ailleurs, lui qui comprenait si peu ce qu'on faisait chez nous ; il alla même jusqu'à se réjouir des malheurs de l'Espagne ; il s'en servit comme d'une preuve où se trouvait écrite à ses yeux l'impossibilité de disputer à la révolution la conquête de l'Europe. C'était ainsi que raisonnaient les lâches Bretons, lorsqu'au lieu de se défendre ils livraient à tout peuple qui descendait chez eux, leurs trésors, leurs terres, la couronne et la liberté.

M. de Richelieu, trop sage pour accueillir de la même joie les révolutions de Naples et du Piémont, mais trop inactif pour se déclarer contre elles, regarda la Russie et l'Autriche jouer un rôle qui nous appartenait. C'est au jour seulement qu'un ministère royaliste se forma dans nos rangs, qu'il fut permis d'espérer que la neutralité entre la monarchie et la révolution allait cesser au dehors, puisqu'elle cessait au dedans. Un système serait incomplet s'il se montrait hostile d'un côté, et de l'autre indifférent; il manquerait d'harmonie. Tout ministère royaliste doit nécessairement paraître au congrès ce qu'il est à la tribune des chambres, et je ne pense pas que l'on puisse frapper Berton d'une main, et tendre l'autre à Riégo.

Les publicistes qui défendent la souveraineté du peuple, par amour pour la révolution ou par erreur d'esprit, ce qui est la même chose, car lorsqu'une révolution a lieu, nous ne voyons pas qu'il y ait la moindre différence entre ceux qui l'ont voulue et faite, et ceux qui l'ont aidée, en disant qu'ils n'en voulaient pas; plusieurs publicistes de sentimens divers, disons-nous, ont élevé des objections sur les droits de l'Europe à la guerre d'Espagne. Il est facile de les renverser; nous l'avons déjà fait dans leur ensemble, puisque nous avons établi que la révolution, à l'aide d'un fanatisme épidémique, menaçait l'Europe d'une subversion générale, et que l'intérêt commun faisait une loi à celle-ci de se défendre: il ne nous reste, pour rendre la victoire plus complète, qu'à combattre chaque objection en particulier.

Voici la première: « On n'a pas le droit d'intervenir dans » les affaires intérieures d'un peuple. » C'est d'un seul mot déchirer toute l'histoire. Lorsque Louis XIV étendait son sceptre protecteur sur la tête des Stuart, se tenait-il éloigné des orages de l'Angleterre? Lorsque ce même Louis XIV plaçait les fils de sa race sur le trône de Charles-Quint, et voulait abaisser par-là les Pyrénées devant nous, s'abstenait-il de toucher aux intérêts de l'Espagne? De nos jours, lorsqu'un état-major de rois est venu, avec la pointe du glaive, écrire sur les murs de Paris que Buonaparte avait cessé de régner, était-ce sans se mêler à nos affaires? Plus tard, lorsqu'un général autrichien a brisé, dans Naples, le sabre révolutionnaire de Pépé, a-t-il déclaré que son intervention était illégitime? Enfin, lorsque tous les souverains ont marqué de leur signature un acte déclaré saint, tant ils l'ont cru juste, un acte qui n'est autre chose qu'une déclaration de guerre permanente contre la révolution, se sont-ils imaginés, tous ces rois, qu'ils la combattraient sans sortir de leur palais? Ce serait outrager la raison de nos lecteurs que de les arrêter davantage sur une objection qui semble ne vouloir faire triompher un principe que pour prouver ensuite qu'il a toujours été violé.

Passons à la seconde : l'Espagne est fière, indépendante, qui la menace l'irrite; qui foule son sol doit trembler; il donne la mort. Chaque rocher est une citadelle; chaque paysan un soldat. Elle a chassé le Maure; Buonaparte lui-même y fut vaincu.

A Dieu ne plaise que je méconnaisse la bravoure de ce peuple qui fut toujours notre allié, et qui, dans l'amour qu'il porte à ses rois, s'unit à nous par le cœur, puisque la même famille donne des lois aux deux royaumes ; mais observons que si l'Espagne était inattaquable, dans le midi, comme la Russie dans le nord ; si les Pyrénées étaient aussi fatales à qui les traverse, que le Niémen à qui les franchit, le centre de l'Europe serait en quelque sorte vaincu par la nature. Les Romains et les Carthaginois n'avaient pas cette idée. Sans que leur estime pour les peuples de l'Espagne fût moindre que la nôtre, ils se rendaient plus de justice.

Mais, au surplus, est-ce bien contre l'Espagne qu'il s'agit de faire rouler notre artillerie? ce peuple religieux, ce peuple fanatique de ses rois, qui, naguère, vivait et mourait pour eux, ce peuple si constant dans ses affections, a-t-il donc changé en un jour? La contagion a-t-elle été assez prompte, assez générale, pour qu'il ne reste pas un sujet fidèle? Nous ne le croirions pas, lors même que la Catalogne ne serait pas soulevée; lors même que dans chaque province nous ne verrions pas les soldats des cortès en armes auprès de la pierre de la constitution. Ce n'est donc pas l'Espagne qu'on attaquerait; c'est au secours de l'Espagne opprimée que l'on marcherait; en un mot, nous serions des alliés, et non point des ennemis: et pourquoi le drapeau blanc ne flotterait-il pas à côté de l'étendart de la foi? Tous deux n'ont-ils pas pour devise : *Dieu et le Roi!*

On dit aussi que l'Espagne, dans son orgueil, repousse l'étranger à quelque titre qu'il s'avance. Ce n'est pas là ce que les faits nous apprennent. Berwick, avec ses Français, commandait aux Espagnols à la victoire d'Almanza ; de nos jours, ces mêmes Espagnols avaient leur place dans les phalanges de Wellington. Aux deux époques ils combattaient pour le trône de Philippe V ; n'est-ce pas pour ce même trône qu'ils combattraient encore aujourd'hui? La cause des cortès serait-elle donc, à leurs yeux, plus juste que celle du compétiteur de Philippe ; plus sacrée que celle du terrible guerrier qui poursuivait le sang des Bourbons, depuis les fossés de Vincennes jusque dans les murs de Madrid ?

Deux objections demandent encore une réponse : l'une concerne la prétendue nécessité de laisser en Espagne une armée d'occupation; l'autre est relative à nos soldats qui, inaccessibles à la séduction, devraient être pareillement à l'abri du soupçon.

C'est par-là que nous finirons notre travail, travail auquel nous nous sommes livré en consultant bien moins nos forces que notre amour pour la France. Puissions-nous faire adopter aux dépositaires de ses destinées, quelques-unes des idées dont l'application à un système politique intéresse si vivement notre repos, notre avenir et notre gloire ! La gloire nous est nécessaire pour que les autres biens puissent nous toucher. Elle est comme la santé, qui seule ne fait pas le bonheur, mais qui ne permet pas qu'on le goûte sans elle. Cette gloire, au surplus, n'est pas seulement une propriété française, la civilisation européenne en réclame sa part; notre avenir n'est pas à nous seulement, il est aussi celui de toutes les monarchies; notre repos enfin, n'est pas un bienfait pour nous seuls, il est en même temps la garantie du repos des autres. Voilà, voilà dans quel sens il faut que la marche des affaires soit dirigée. Naples, Turin, l'Espagne, sont les parties isolées d'un tout qu'il est important de savoir embrasser; la pensée des hommes d'état doit s'élever assez haut pour voir le monde au lieu de ne voir qu'un point. Alors, ils demeureront convaincus que chaque nation n'est qu'une fraction de la grande société, de la société éternelle. Les divers États ne sont, en effet, comme l'a dit Burke, que les corporations municipales de ce royaume universel.

QUATRIÈME PARTIE.

Ceux qui défendent les cortès, non avec leur pensée, mais avec leur désir, multiplient les objections, fantômes qui viennent s'évanouir aux clartés de la raison publique. On conteste à l'Europe le droit de toucher aux plaies de l'Espagne, et l'Europe répond, puissante des faits qu'elle puise dans sa propre histoire. On cherche à séparer les nations pour que chacune d'elles, dans son isolement, périsse oubliée par les autres, et soudain une voix universelle nous avertit qu'il faut que chaque état sorte de lui-même pour entrer dans une mesure commune au genre humain. On va même jusqu'à placer la révolution sous la garde de l'orgueil espagnol, comme si nous ignorions que *l'espagnol mit toujours son orgueil à être fidèle* (1). Enfin on parle d'injustice et d'agression, dans quel moment? lorsque l'Espagne impatiente accuse la tiédeur de notre parenté.

Nous ne saurions trop le redire, trop revenir sur l'objection repoussée par nous précédemment, ce n'est point pour

(1) Voltaire, *Siècle de Louis XIV*.

humilier et soumettre un peuple ennemi que la France ouvre ses arsenaux. L'effroi qui d'ordinaire précède et suit les conquérans, ne servira pas de cortége à nos guerriers. C'est la paix et non pas l'épouvante que le drapeau des lys portera chez nos alliés. Signal de notre délivrance dans Bordeaux, sa présence annoncera le même bienfait dans Madrid. Il est digne du drapeau de Saint-Louis de chasser devant lui les orages !

Et que l'on ne m'accuse pas de vouloir lire dans les événemens qui se préparent ; la prévoyance est une vertu bien facile lorsque le passé doit se reproduire dans l'avenir. La prévoyance est tout entière alors dans la mémoire. Que l'on ne m'accuse pas, non plus, de cacher les forces réelles de la révolution en Espagne ; de la montrer faible, lorsqu'elle est puissante : qui pourrait s'y méprendre ? Qui ne voit que l'Espagne est en ce moment dans la même situation où se trouvait la France au 20 mars, où Naples s'était mise il y a deux ans ? Nous vîmes à l'approche des armées européennes la chambre des cent jours disparaître. Ses cris, sa fureur s'éteignirent avec elle. A son exemple, devant les mêmes armées, on a vu le parlement Napolitain tomber, entraînant dans sa chute l'échafaudage révolutionnaire dressé contre l'Europe. Ce double événement nous prouve que la révolution, semblable à la forêt du Tasse, a ses prestiges et ses monstres ; qui s'en laisse intimider, fuit comme Tancrède; qui ose tirer l'épée, comme Renaud, ne trouve plus rien devant lui. Le courage de Renaud est celui qui sied à la France.

Je ne dissimulerai pas cependant que la révolution d'Espagne a trouvé en vieillissant, sinon plus de force, du moins plus de complices, qui, liés par un crime commun, sont engagés maintenant à combattre pour elle par amour pour eux. C'est là ce que la Sainte-Alliance aurait dû prévenir par la promptitude de ses décisions. Elle n'avait pas même besoin d'agir, il lui suffisait de protester. Puisque les congrès remplacent aujourd'hui les conciles; puisque la force sociale aide et supplée à la force religieuse trop affaiblie, les congrès devraient avoir aussi leurs foudres, afin de frapper d'une excommunication politique ceux qui par la révolte se jettent hors de la loi des nations. Un mouvement révolutionnaire, ainsi sous l'anathème, aurait quelque peine à suivre son cours; quelque difficulté à recruter des hommes assez audacieux pour le seconder, assez imprudens surtout pour accourir avec leur or et leur crédit. Une telle conduite de la part des gouvernemens légitimes ne serait-elle pas plus sensée, que de les voir protéger des opérations financières dont le produit est destiné à lever des armées contre eux!

Rien de tout cela n'a été fait: c'est une faute, c'est un désavantage; mais il est amplement compensé par l'expérience que l'Espagne a eu le temps d'acquérir. Le gouvernement des cortès ne peut rien pour elle, rien pour lui. Enfant du trouble, il trouble tout à son tour. Né avec tous les symptômes de la mort, il se débat au lieu de vivre. C'était sa condition, il la subit. Une faction, avant le succès, débite beaucoup d'espérances qui ne laissent pas néanmoins d'amuser les hommes; mais le succès une fois arrivé, et la faction ne pouvant tenir ce qu'elle a promis, elle voit se changer en ennemis tous ceux qu'elle a trompés. C'est ce qui rend quelquefois les commencemens d'une révolution si faciles, c'est ce qui l'empêche presque toujours de se consommer: l'attaque n'est donc pas imprudente; le succès est certain.

Faudra-t-il maintenant passer à une autre objection, et parlerai-je de nos braves soldats? La révolution, on le sait, feint d'asseoir sur eux ses espérances: mais qui pourrait ne pas voir que c'est bien moins pour se faire illusion que pour nous tromper. Désespérant de se donner leur force, elle voudrait que la défiance paralisât cette force dans nos mains. Nos soldats, par leur conduite, ont suffisamment répondu. La monarchie compte sur eux, comme ils comptent sur elle. Les preuves de leur fidélité sont écrites dans tous les événemens, récemment encore sur deux tombes à peine fermées. On dit pourtant (car que n'ose-t-on pas dire?) qu'ils n'attaqueraient pas le drapeau des cortès; qu'il aurait pour eux l'attrait de l'aimant. Les hommes qui le disent, avouent ainsi que la trahison et la lâcheté sont au nombre des chances qui leur sont favorables. Le parjure n'est dans leur bouche qu'une façou de parler. Quoi donc ! le drapeau des cortès serait plus sacré, aux yeux de nos soldats, que les couleurs arborées par les rebelles devant Saumur ? Ils suivraient l'un lorsqu'ils viennent de repousser les autres ? Quel étrange raisonnement ! que de faits se lèvent pour le confondre ! Depuis plus d'une année que nos soldats sont en armes sur la frontière ; depuis qu'ils ont en face Nantil et quelques autres coupables que réclame la justice, un seul d'entre eux, un seul a-t-il été ébranlé dans ses sentimens, dans sa disoipline ? Tandis que la révolution, dans Paris, applaudissait au triomphe des troupes constitutionnelles dans Madrid, n'a-t-on pas vu nos soldats gémir sur la garde royale frappée à mort sous le balcon de Ferdinand ? Ce qui se passe au cœur des hommes est quelquefois aussi instructif que les calculs les plus profonds de la politique ; et si des larmes données à la fidélité décèlent une armée fidèle, qui bat des mains pour Riégo, nous révèle, sans qu'il s'en doute, tout ce qu'il attendait de Berton.

Loin de craindre, loin de redouter le jour où soixante huit mille de nos soldats seront aux prises avec les vingt-deux mille qui suivent Mina, nous devons au contraire l'appeler, le hâter de tous nos vœux. Une fois que l'armée aura tiré sur les troupes constitutionnelles; une fois qu'elle aura donné ce nouveau gage à la France, à l'Europe, à la civilisation, à tout ce qu'il y a de sacré dans les sociétés humaines, une barrière de feu s'élèvera entre elle et la révolution. Ainsi s'achèvera, au-delà des Pyrénées, l'ouvrage entrepris par le maréchal Macdonald sur les bords de la Loire; ainsi l'ordre social en Europe sera affermi par la force militaire, par cette force même dont on voudrait se servir pour le détruire.

Oh! de quelle pitié le cœur de l'homme de bien n'est-il pas saisi lorsqu'on examine les oscillations de ce parti qui, au lieu de soumettre ses passions aux principes, veut au contraire plier les principes au vagabondage de ses passions! Les mêmes hommes qui ont proclamé leur mépris contre les régimens saxons, abandonnant l'étoffe aux trois couleurs dans les champs de Léipsick, viennent aujourd'hui nous dire que nos régimens fuiront l'étendart français pour se rallier aux enseignes espagnoles. Pensent-ils donc que ce mépris, versé sur la Saxe, nous serait épargné? et d'ailleurs, les Saxons cédaient à la voix de l'Allemagne dévastée; de l'Allemagne, cette patrie commune à tant d'états divers: mais nous, nous fils de la France, où serait notre excuse? quels frères irions-nous seconder? Avec eux, contre qui marcherions-nous? Enfin quel est le chef qui nous appellerait? quelle voix retentirait à nos cœurs? est-ce la voix de Riégo? Quiconque est décidé à faire une large part à la faiblesse humaine, peut concevoir jusqu'à un certain point, qu'une armée, accoutumée à vaincre pendant quinze ans sous les ordres d'un grand capitaine; qu'une armée, reconnaissant ses lauriers dans les lauriers de son chef, cède au magnétisme de sa présence, si je puis m'exprimer ainsi, et, dans un premier élan sacrifie aux souvenirs d'une gloire passée, l'honneur des nouveaux sermens solennellement prêtés. Mais que l'on se rallie à un Riégo! Quels sont ses titres sur la France, sur le cœur des soldats de quelque nation qu'ils soient? Par quelle gloire a t-il été légitimé, ce héros dont l'épée n'a paru au grand jour que pour trahir le roi qui la lui donna?

Autre bizarrerie, autre inconséquence : votre armée est suspecte, dit-on; il faut craindre de la mettre en contact avec les troupes des cortès; une fois touchée elle sera corrompue. A la bonne heure; admettons cette supposition toute injurieuse qu'elle puisse être; et demandons ensuite quels malheurs nous n'aurons pas à craindre, le jour où les cortès nous attaqueront? L'armée changera-t-elle soudain? Ceux avec qui elle fraterniserait, en avançant, deviendront-ils ses ennemis, lorsqu'ils viendront à elle? Telle est pourtant la logique des partis. Qu'ils s'en servent, on doit s'en réjouir;

une mauvaise logique révèle toujours une mauvaise cause; mais que des hommes sensés, que des hommes éclairés puissent s'en laisser étourdir, et que, dans une question présentée sous un faux jour, ils ne sachent pas la placer sous son jour véritable, c'est ce qui devrait attrister les défenseurs de la raison publique, si toutefois cette raison permettait le découragement à ceux qu'elle anime et qu'elle avoue; et observez bien que ces mêmes hommes qui permettent qu'on leur montre l'armée suspecte, ne trouvent pas dangereux pourtant de laisser cette armée rassemblée en corps d'observation, et exposée à toutes les manœuvres des agens d'une faction qui, dans Belfort, dans Saumur, dans Colmar, a semé l'or pour moissonner des traîtres. Ne suis-je donc pas autorisé à leur dire hautement : si l'esprit de l'armée n'est pas favorable à la monarchie, dispersez-la; hâtez-vous! si cet esprit est excellent, comme tout le manifeste, non-seulement vous pouvez *observer* les cortès; mais vous pouvez aussi les combattre et les vaincre. Un soldat est bien plus sûr sous le feu du canon, qu'au milieu des ennuis d'un camp.

Une objection nous reste, c'est la dernière; elle est la plus faible. On prétend qu'après la délivrance de Ferdinand, une armée d'occupation sera nécessaire pour contenir l'Espagne. On ajoute que toutes les forces de l'Europe ne suffiraient pas pour couvrir la péninsule, et l'on aurait raison s'il s'agissait en effet de l'Espagne. Mais, ainsi que nous l'avons démontré, c'est le parti révolutionnaire et non pas l'Espagne que l'on poursuit. Ferdinand libre, entouré de sujets qui viendront de combattre et de triompher pour sa couronne; maître d'une armée royale, toute formée, pleine de force et d'ardeur ; Ferdinand n'aura plus pour ennemis que des bandes fuyant dans les montagnes, et que le pardon ne tardera pas à rendre aux foyers domestiques. N'en doutons pas, le gouvernement royal qui s'établira, qui appellera dans son sein tout ce qui est resté fidèle, tout ce qui, dans le dernier moment aura racheté l'erreur par le dévouement; un tel gouvernement, seul, avec ses propres moyens, sans secours étrangers, sera en mesure de défendre le trône qu'il aura sauvé. Comme le géant de la fable, les trônes reprennent leur force en se relevant.

Quant au pouvoir absolu que feignent de craindre pour l'Espagne ceux qui songent aux vices de la monarchie pour ne pas s'occuper de son existence, l'Espagne elle-même nous rassure et nous apprend qu'à toutes les époques elle a trouvé dans ses institutions les résistances nécessaires pour s'opposer au despotisme. Ses institutions portent dans leur sein fécond la liberté et les gages d'une longue durée pour le pouvoir royal; elles ont rempli d'une manière supportable, pendant des siècles, toutes les fins générales de la société. Un instant oubliées, laissées à l'écart, mais non pas détruites, elles reparaîtront avec leurs bienfaits, elles rendront à l'Espagne toutes ses libertés : je dis toutes, car les temps sont arrivés où il ne faut ôter aux peuples que la liberté de se perdre.

Ces vérités sont tellement gravées dans les esprits, tellement senties par les hommes qui voient de près les affaires, qu'il m'a suffi, pour mon travail, d'écouter et d'écrire. Jamais la raison publique n'a parlé avec plus de justesse, jamais elle ne montra plus de force. Elle aura ses interprètes au congrès. La France saura s'y faire entendre et parler un langage conforme à sa dignité. Elle trouvera les monarques, qui, tous, sont nos alliés, persuadés que l'intérêt commun doit attacher aujourd'hui tous les cabinets ; qu'un système politique adopté par chaque puissance, dans son intérieur, doit venir au dehors se mêler et se fondre dans un système général ; que l'Europe est l'alliée et non point l'ennemie du peuple espagnol ; que les rois, chefs de l'ordre social, en sont les premiers défenseurs ; que la politique, dans le siècle actuel, dans un siècle où chaque trône tombe et se relève à son tour, doit être franche et avouée ; qu'il est essentiel qu'aucun cabinet ne la considère comme une vertu de commerce ; enfin qu'il ne s'agit pas de déclarer la guerre aux cortès, mais qu'il faut envisager la guerre comme déclarée du jour où les cortès ont proclamé la souveraineté du peuple. Ce n'est donc point la Sainte-Alliance qui attaque, c'est elle qui se défend. Si les Pyrénées étaient respectées, nos frontières ne le seraient pas long-temps. Si nous ne prenions pas l'armée de la Foi pour notre avant-garde, elle serait prise comme telle par Mina. Craignons que cette armée, privée de secours, abandonnée à elle-même, et repoussée sur le sol français, sur le sol hospitalier, n'y amène des ennemis échauffés à sa poursuite. La liberté du choix n'est pas toujours donnée aux empires; il est une nécessité primitive qui commande à toutes les autres. « Puisque la paix est impossible, disait Camille au Sénat, pourquoi délibérez-vous sur la guerre? »

L'Europe est pleine d'espérance et de sécurité; elle attend une dernière victoire, une victoire décisive pour son repos. Impatiente de l'obtenir, elle élève sa voix jusqu'au pied des trônes. Si tant de déclamateurs s'efforcent sans cesse de rappeler aux rois qu'ils sont hommes, l'Europe se sent pressée de les faire souvenir qu'ils sont rois. Le moment est venu : conjurons-les, avec Bossuet, de ne pas détourner leur visage de peur que la vérité ne leur éclaire le front!

www.ingramcontent.com/pod-product-compliance
Ingram Content Group UK Ltd.
Pitfield, Milton Keynes, MK11 3LW, UK
UKHW020457230726
13925UKWH00005B/1994

9 782014 051537